Lecciones de Piano

Libro 3

Autores
**Barbara Kreader, Fred Kern,
Phillip Keveren**

Asesores
Mona Rejino, Tony Caramia,
Bruce Berr, Richard Rejino

*Directora de
Publicaciones Didácticas
para Teclado*
Margaret Otwell

Editor
Anne Wester

Ilustraciones
Fred Bell

Traducción a cargo de
Andrew Rossetti

Para obtener acceso al audio, visite:
www.halleonard.com/mylibrary

Enter Code
3791-4083-4442-6631

PRESENTACIÓN

Cuando la música estimula nuestro interés e imaginación, realizamos los mayores esfuerzos para aprenderla con ilusión. La música en la **Biblioteca para Alumnos de Piano de Hal Leonard** anima a practicar, estimula el progreso y la confianza, y tal vez más importante, ¡facilita el éxito en el estudio! Más de 1000 alumnos y profesores en un estudio de mercado a escala nacional señalaron como muy valido para el estudio:

- la variedad de estilos y ambientes;
- el flujo natural del ritmo, melodía y letra cantables de las piezas;
- los excelentes acompañamientos;
- las improvisaciones incluidas en los **libros de lecciones**;
- incluye acompañamiento arreglado en audio y MIDI.

Cuando los nuevos conceptos tienen una aplicación inmediata a la música, nos da la sensación de que el esfuerzo que representa adquirir estas habilidades merece la pena. Tanto los profesores como los alumnos del estudio de mercado se mostraron especialmente entusiastas con:

- el ritmo de estudio "realista", que representa un reto sin ser agobiante;
- la presentación clara y concisa de los conceptos que permite el enfoque propio del profesor;
- el ordenado diseño de página, que permite al alumno mantener la concentración en la partitura.

Además, los **Libros de Juegos de Prácticas** enseñan conceptos, técnica y creatividad mediante ejercicios relacionados directamente con la música en los **Libros de Lecciones**. Asimismo, los **Libros de Ejercicios de Teoría** para Piano proporcionan actividades de escritura divertidas y la serie de **Solos de Piano** ofrece un refuerzo de los conceptos presentados con un repertorio animado.

La **Biblioteca para Alumnos de Piano de Hal Leonard** es el resultado del esfuerzo de muchas personas. Deseamos expresar nuestra gratitud a todos los profesores, alumnos y colegas que han compartido su ilusión y creatividad con nosotros. Asimismo, deseamos que este método te sirva de guía y estímulo en tus estudios musicales.

Con nuestros mejores deseos,

Barbara Kreader   *Fred Kern*   *Phillip Keveren*

Libro: ISBN 978-0-634-08759-2
Libro/Audio: ISBN 978-0-634-08986-2

HAL•LEONARD®
7777 W. BLUEMOUND RD. P.O. BOX 13819 MILWAUKEE, WI 53213

Visite Hal Leonard "Online" en
www.halleonard.com

Notas Nuevas—DO RE MI   RE   SI DO RE

Un **INTERVALO** es la distancia entre una tecla y otra.

Intervalo de segunda   Intervalo de tercera   Intervalo de cuarta   Intervalo de quinta

DINÁMICA

<table>
<tr><td>< (crescendo)</td><td>progresivamente más fuerte (crescendo)</td><td>ff</td><td>muy fuerte (fortissimo)</td></tr>
<tr><td>> (decrescendo)</td><td>progresivamente más flojo (decrescendo)</td><td>pp</td><td>muy flojo (pianissimo)</td></tr>
</table>

ALTERACIONES

♯ sostenido   ♭ bemol   ♮ becuadro

TÉRMINOS MUSICALES

pulsacíon legato		tocar las notas conectadas, sin silencio entre ellas
pulsacíon staccato		tocar las notas cortadas y separadas
acento	>	tocar esa nota más fuerte
8va	*8va--------------,*	tocar una octava por encima o por debajo de la octava escrita
anacrusa		la(s) nota(s) anterior(es) al primer compás completo
ritard	*rit.*	ralentizar el tempo
lineas adicionales		se añaden para escribir notas por encima o por debajo del pentagrama

CONTENIDOS

Los alumnos pueden poner una marca delante de los títulos de las piezas que han tocado.

CORCHEAS

Marca con palmadas y cuenta estos patrones:

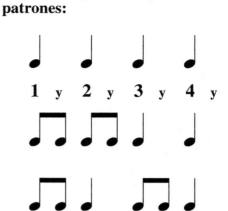

Hacen falta dos **Corcheas** para llenar el espacio de una negra.

 = un tiempo

= un tiempo

El Fluir Del Riachuelo

Sin espacios entre las notas

Te servirá de ayuda marcar el ritmo de esta pieza dando palmadas antes de tocarla.

Canción Folklórica

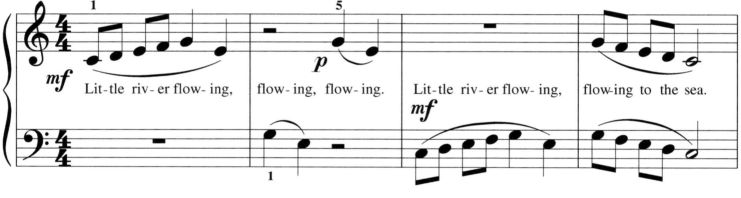

Lit-tle riv-er flow-ing, flow-ing, flow-ing. Lit-tle riv-er flow-ing, flow-ing to the sea.

Lit-tle riv-er flow-ing, flow-ing to the sea.

Acompañamiento (El alumno debe tocarlo una octava por encima de la octava escrita.)

Sin espacios entre las notas (♩=100)

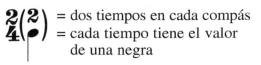

TIPO DE COMPÁS

$\frac{2}{4}\left(\begin{array}{c}2\\ \end{array}\right)$ = dos tiempos en cada compás
= cada tiempo tiene el valor de una negra

Melodía De Dakota

Con pulso regular

La segunda vez ambas manos tocan una octava más grave.

Indio Americano

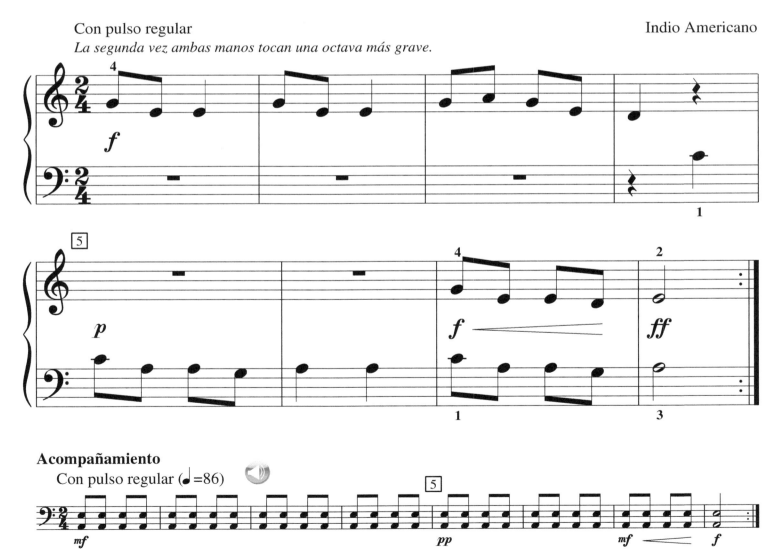

Acompañamiento

Con pulso regular (♩=86)

La segunda vez, una octava más grave.

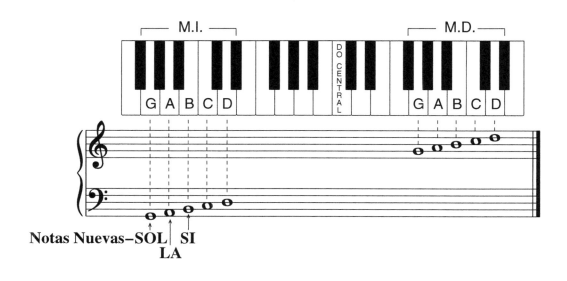

Notas Nuevas–SOL LA SI

Tener Hipo En Clase

Allegro (♩=160)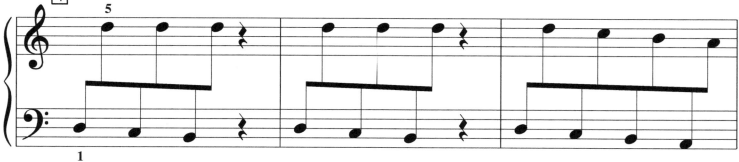

Stephen Covello

sempre staccato
significa tocar siempre staccato

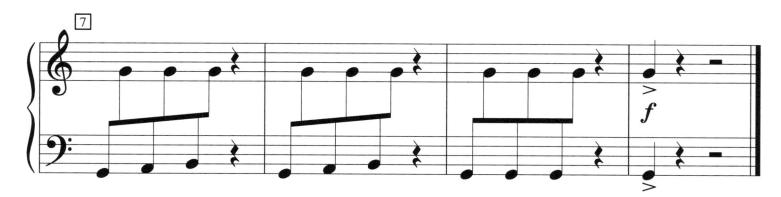

El Pajarito

Allegro (♩=145)

Canción Alemana

mf Lit - tle bird, come and tell me what your song tries to say. Are you

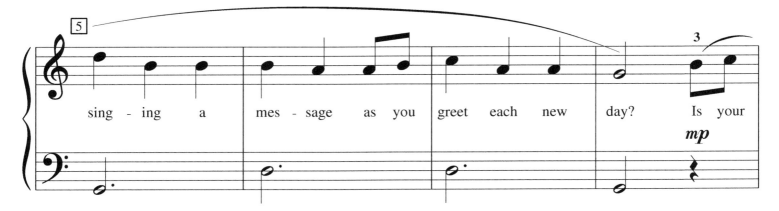

sing - ing a mes - sage as you greet each new day? Is your *mp*

song al - ways hap - py? *f* Do you some - times feel mad? Does your *mf*

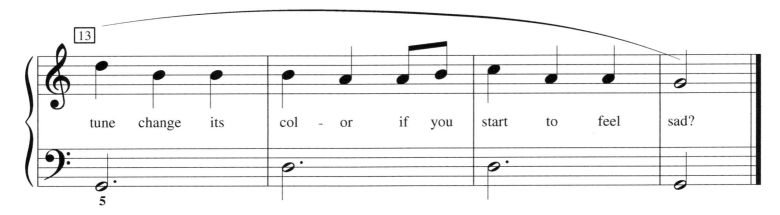

tune change its col - or if you start to feel sad?

7

Canción De Cuna

Andante (♩=98)

Canción Folklórica Polaca

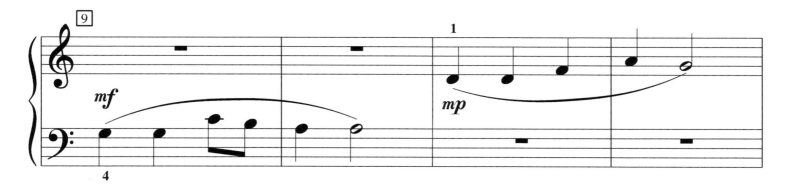

INTERVALO de Sexta

En el piano, una 6ª
- salta cuatro teclas
- salta cuatro letras

En el pentagrama, una 6ª
- salta cuatro notas desde una línea a un espacio o bien desde un espacio a una línea.

El "Boogie" Del Pastel

Vivo

Canción Tradicional

Acompañamiento (El alumno debe tocarlo una octava por encima de la octava escrita.)

Vivo ($\quad$ =130)

Sentimientos Tranquilos

Canción Folklórica

Acompañamiento (El alumno debe tocarlo una octava por encima de la octava escrita.)

Dulcemente (♩=102)

Con el pedal

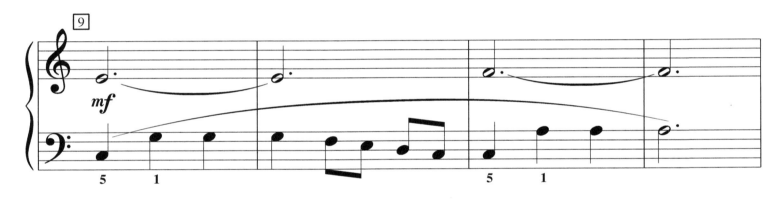

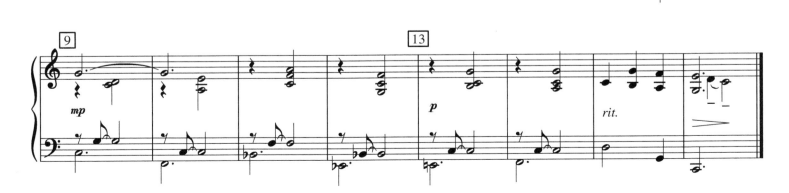

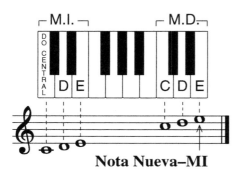

Nota Nueva–MI

La notas de corchea se tocan rítmicamente desiguales.

larga   corta   larga   corta   larga   corta   larga   corta

Casey Jones

Música de Eddie Newton
Letra de T. Lawrence Seibert
Arreglo de Phillip Keveren

Con swing (♩=110)

Empieza lentamente al salir de la estación del tren y sube gradualmente la velocidad del tren.

Ca - sey Jones, mount-ed to his cab-in; ___ Ca - sey Jones, or-ders in his hand.

Ca - sey Jones, mount-ed to his cab-in, took his fare -well trip __ to that prom-ised land.

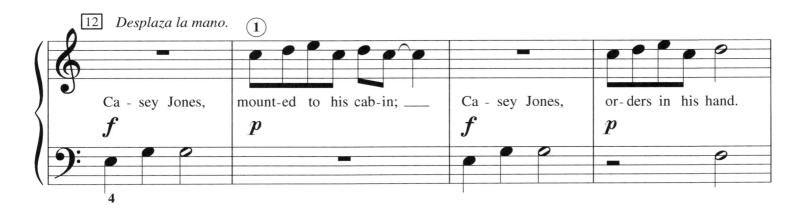

12 *Desplaza la mano.* ①

Ca - sey Jones,   mount-ed to his cab-in; ___   Ca - sey Jones,   or - ders in his hand.

f   *p*   *f*   *p*

4

16

mf Ca - sey Jones,   mount-ed to his cab-in, took his   fare - well trip ___ to that prom-ised land.

20

f _____

Ralentizar el tempo gradualmente.

p   *Pitido del tren*

⑤   2   1   2

3
1

Mantén pisado
el pedal - - - - - - - - - - - - ⌐

13

Llévame Al Partido

Letra de Jack Norworth
Música de Albert von Tilzer
Arreglo de Fred Kern

Acompañamiento (El alumno debe tocarlo una octava por encima de la octava escrita.)

Con energía (♩ = 150)

Canción
De La Cosecha

Robert Schumann
(1810–1856)
Adaptada por Fred Kern

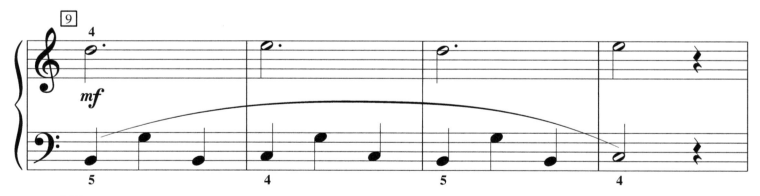

Primavera

Antonio Vivaldi
(1678–1741)
Adaptada por Fred Kern

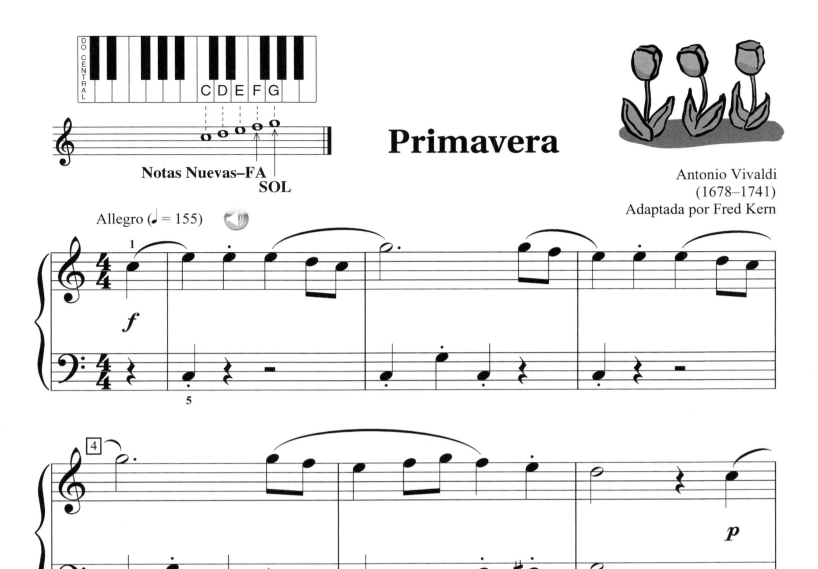

Notas Nuevas–FA
SOL

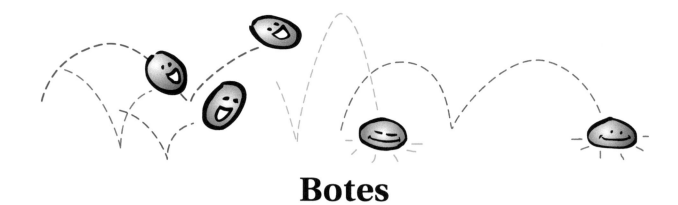

Botes

Allegro (♩=200)

Italo Taranta

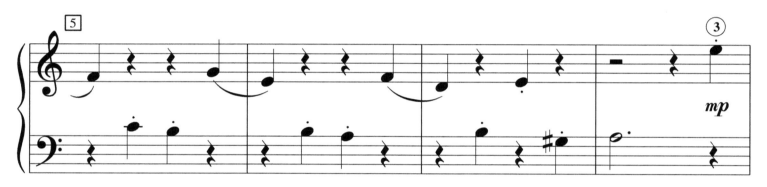

PATRONES DE NEGRA CON PUNTILLO Y CORCHEA

Marca con palmadas y cuenta estos patrones:

Un **Patrón de Negra con Puntillo y Corchea** ocupa el mismo espacio en el compás que dos negras o cuatro corcheas.

= dos tiempos

= dos tiempos

= dos tiempos

1 y 2 y 3 y 4 y

Toda La Noche

Con serenidad

Canción Tradicional

mp Sleep, my child, and peace at-tend thee, all through the night.

Nota Nueva SI

Guard - ian an - gels God will send thee, all through the night.

Acompañamiento (El alumno debe tocarlo una octava por encima de la octava escrita.)

Con serenidad (♩=82)

Con el pedal

La Última Palabra

Discutiendo (♩=145)

Phillip Keveren

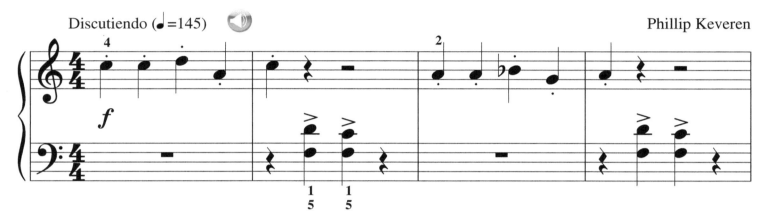

*(M.D. o M.I.)

* ¡Toca un cluster de notas (grupo de notas sin espacio entre los intervalos adyacentes) en el registro agudo del piano con la mano que, según tu, debe tener la última palabra!

Un **Semitono** es la distancia entre una tecla y la tecla que se encuentra justo a su lado en cada dirección, sea esta tecla blanca o negra.

Unos ejemplos de semitonos son:

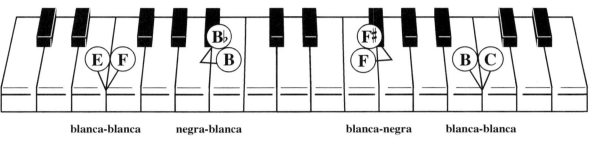

| blanca-blanca | negra-blanca | blanca-negra | blanca-blanca |

Diabluras

Rápidamente

Canción Tradicional

Ten en cuenta que la primera línea de la canción emplea sólo semitonos.

f En la repetición, toca gradualmente más rapido.

Nota Nueva–Mi →

Acompañamiento (El alumno debe tocarlo una octava por encima de la octava escrita.)

Rápidamente (♩=170)

mf

Jam Session
De Jazz Dixieland

Rápidamente (♩=190)

La segunda vez la mano derecha toca una octava más alta.

Bill Boyd

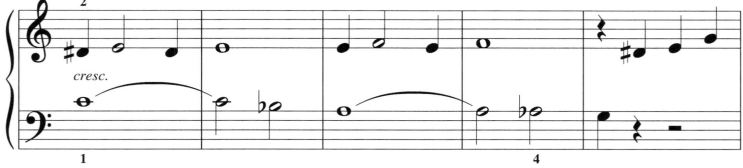

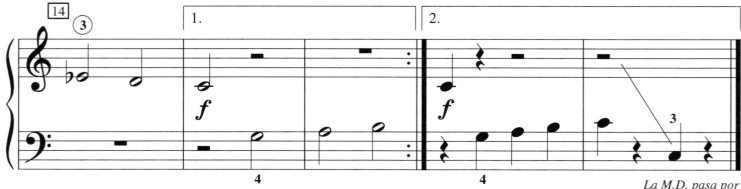

*La M.D. pasa por
encima de la M.I..*

El Vals Del Gusanito

Moderadamente, con humor (♩=165)

Phillip Keveren

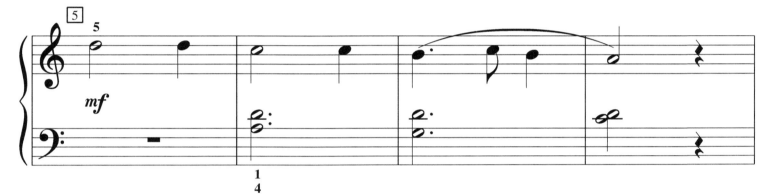

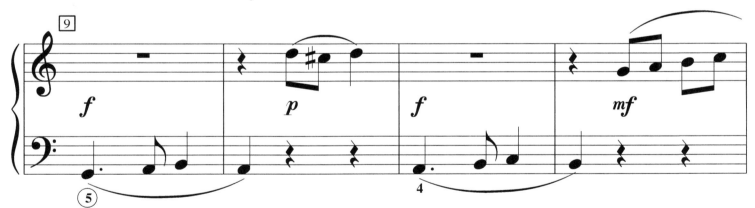

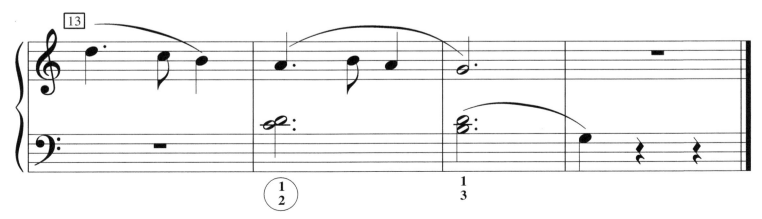

23

TONO

Un **Tono** es la distancia entre una tecla y otra, sea la segunda tecla más aguda o más grave que la primera, blanca o negra y **ha de haber otra tecla entre esas dos primeras**.

Un tono = dos semitonos

LOCO

Cuando aparece el signo **Loco,** hay que tocar las notas en el registro en que están escritas.

A TEMPO

A Tempo significa que hay que volver a tocar en el tempo original.

Algunos ejemplos de tonos son:

Puesta De Sol

Moderadamente lento, con expresión (♩=125)

Phillip Keveren

Ambas manos tocan una octava por encima de la octava escrita.

PEDAL DE RESONANCIA

El **Pedal de Resonancia** separa la sordina de las cuerdas del piano haciendo que el sonido resuene durante más tiempo. Pisa el pedal de resonancia con tu pie derecho, manteniendo el talón en contacto con el suelo. El símbolo indica cuándo debes utilizar el pedal de resonancia.

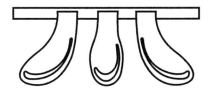

pedal
pisado

manteniendo pisado el pedal

pedal en
posición
normal

Ambas manos deben tocar una octava por encima de la octava escrita.

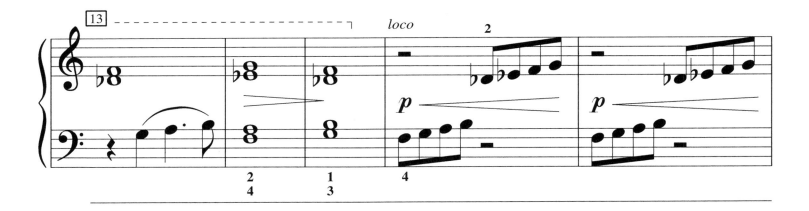

Patrones de Cinco Dedos en Modo Mayor

Todos **los patrones de cinco dedos en modo mayor** consisten en cinco notas en el siguiente orden de semitonos y tonos.

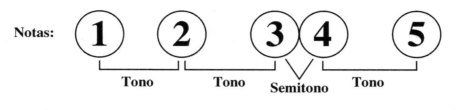

Notas:

Patrón de Do Mayor

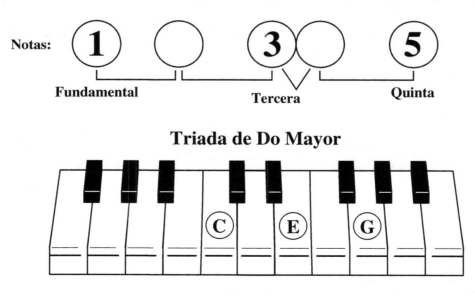

Triadas Mayores
(acordes de tres notas)

Las Triadas Mayores se construyen con las notas 1, 3 y 5 de cualquier patrón de cinco dedos en modo mayor.

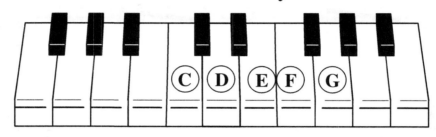

Notas:

Triada de Do Mayor

Mi Propia Canción

Improvisación en Do Mayor

Coloca ambas manos en **el patrón de cinco dedos de Do mayor**. Mientras tu profesor toca el acompañamiento expuesto a continuación, improvisa una melodía utilizando una mano u otra.

Acompañamiento

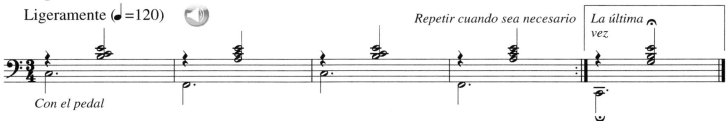

Descalzo Por Una Acera Caliente

Phillip Keveren

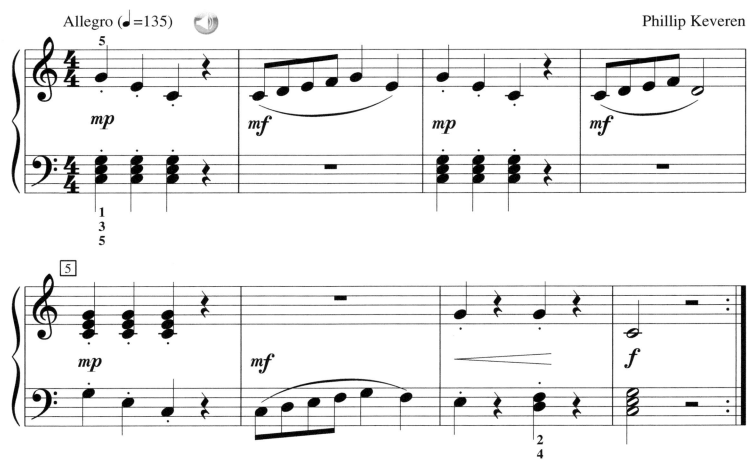

Quadrille

Joseph Haydn
(1732–1809)

Allegro (♩=135)

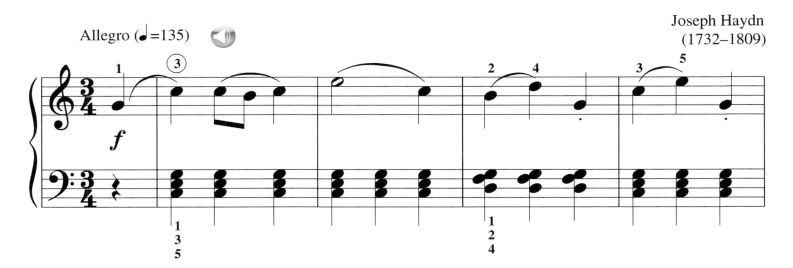

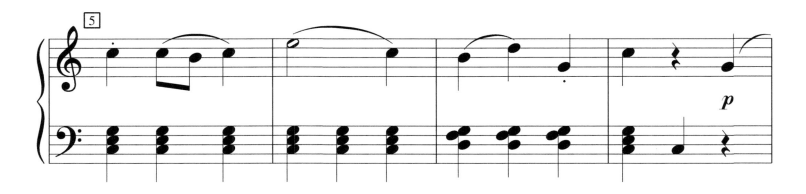

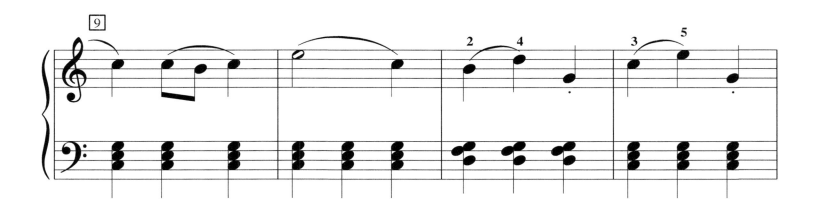

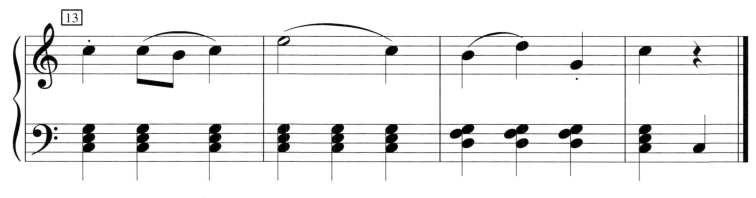

Mi Propia Canción
Improvisación en Sol Mayor

Coloca ambas manos en **el patrón de cinco dedos de Sol Mayor**. Mientras tu profesor toca el acompañamiento expuesto a continuación, improvisa una melodía utilizando una mano u otra.

D.S. (Dal Signo) al Fine

significa que debes volver al 𝄋 (signo) y tocar hasta el final de la pieza (fine).

Scherzo

Anton Diabelli
(1781–1858)
Op. 149, No. 6
Adaptada por Fred Kern

Acompañamiento (El alumno debe tocarlo una octava por encima de la octava escrita.)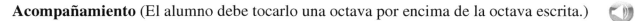

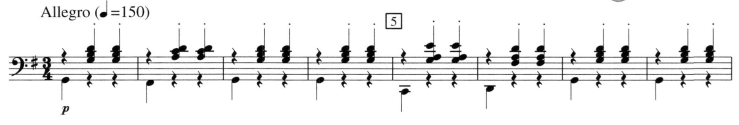

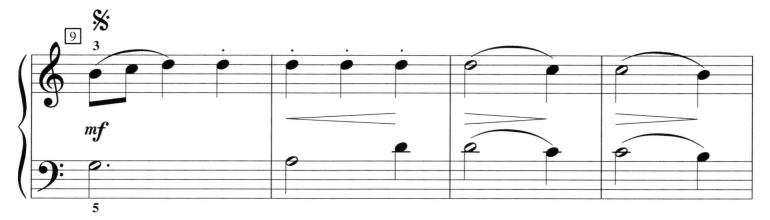

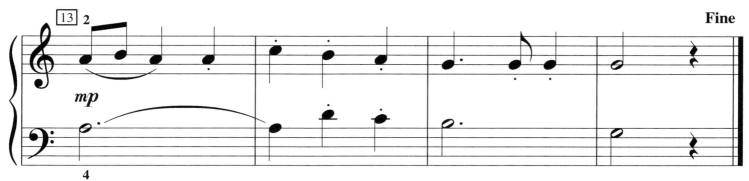

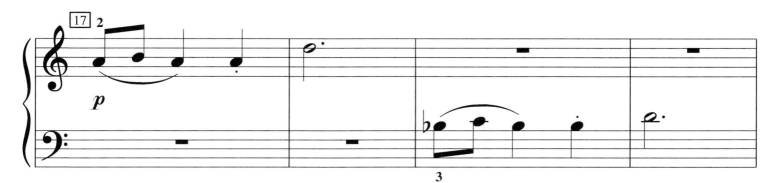

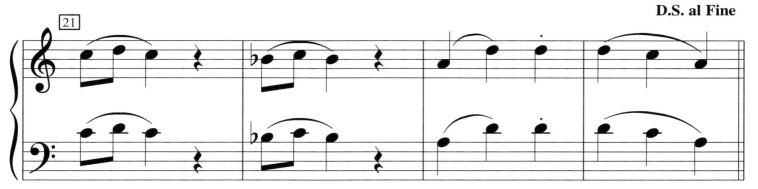

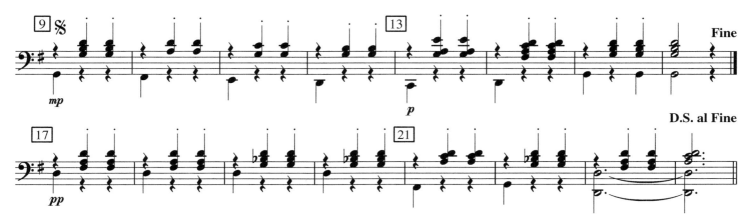

Mi Propia Canción

Improvisación en Fa Mayor

Coloca ambas manos en **el patrón de cinco dedos de Fa mayor**. Mientras tu profesor toca el acompañamiento expuesto a continuación, improvisa una melodía utilizando una mano u otra.

Acompañamiento
Rock Moderado (♩=130)

Ponte En La Fila

Fred Kern

Marcha (♩=120)

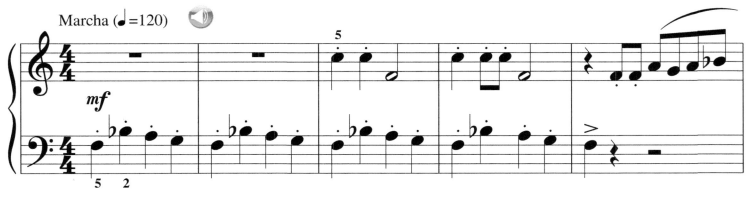

El Pícolo
y La Trompa

Energéticamente (♩=155)

Phillip Keveren

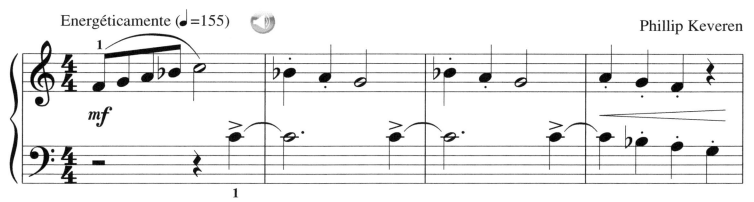

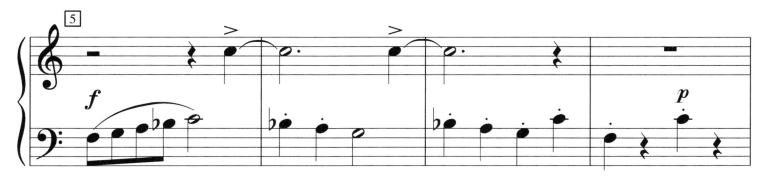

Coral

Fred Kern

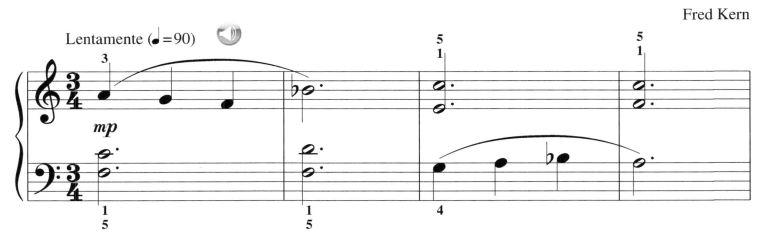

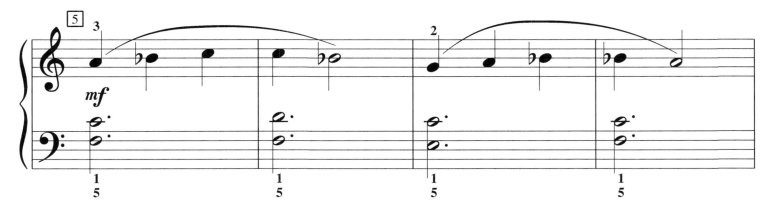

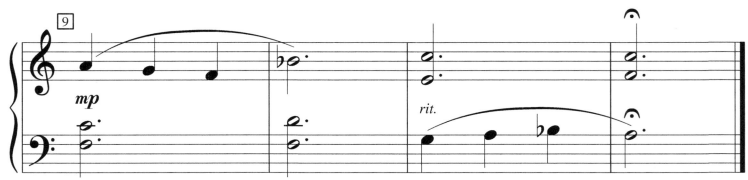

Un Paseo Alrededor De La Manzana

Swing Medio (♩=117)

Phillip Keveren

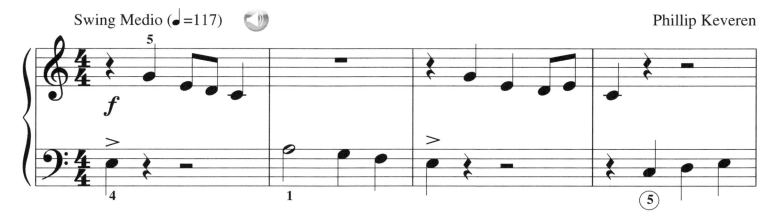

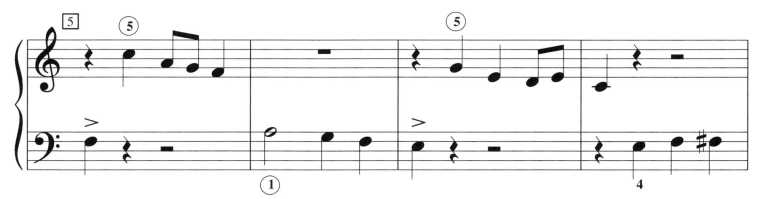

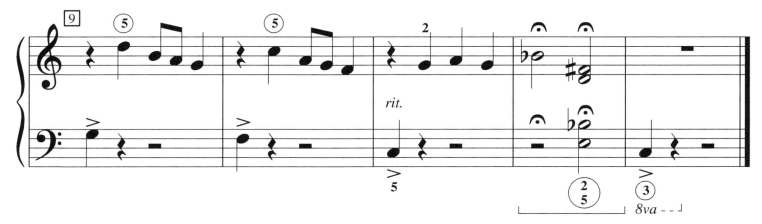

UNIDAD 5

Patrones de Cinco Dedos en Modo Menor

Todos **los patrones de cinco dedos en modo menor** consisten en cinco notas en el siguiente orden de semitonos y tonos.

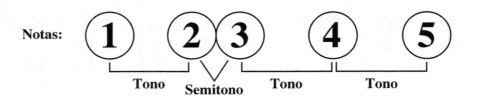

Patrón de La menor

Triadas Menores
(acordes de tres notas)

Las Triadas Menores se construyen con las notas 1, 3 y 5 de cualquier patrón de cinco dedos en modo menor.

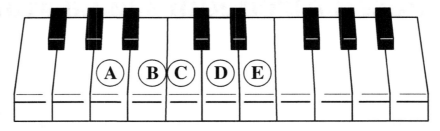

Triada de La menor

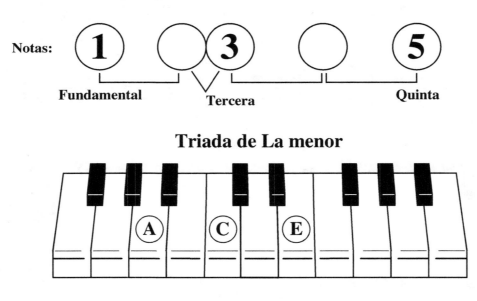

Mi Propia Canción

Improvisación en La menor

Mientras tu profesor toca el acompañamiento expuesto a continuación, improvisa una melodía utilizando el **patrón de cinco dedos de La menor**.

Acompañamiento

Danza En Modo Menor

Fred Kern

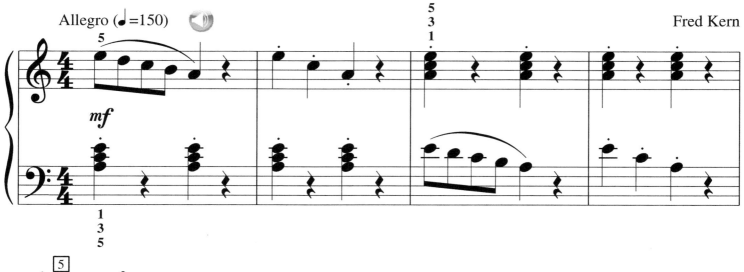

Romance

Anton Diabelli
(1781–1858)
Op. 149, No. 11
Adaptada por Fred Kern

Acompañamiento (El alumno debe tocarlo una octava por encima de la octava escrita.)

Andante (♩=150)

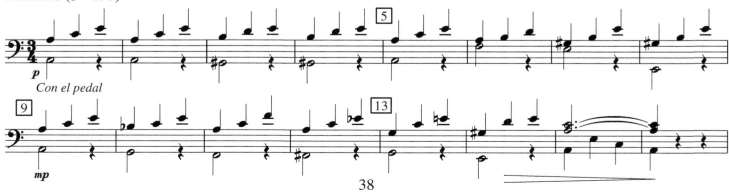

Con el pedal

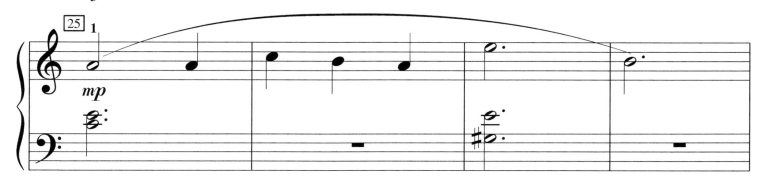

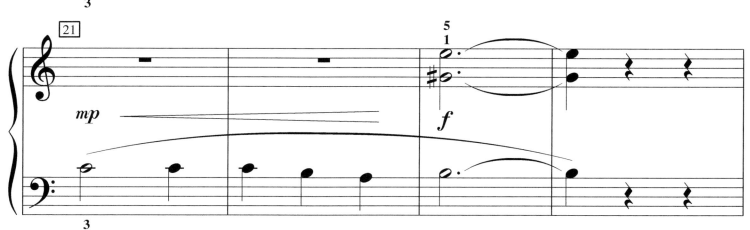

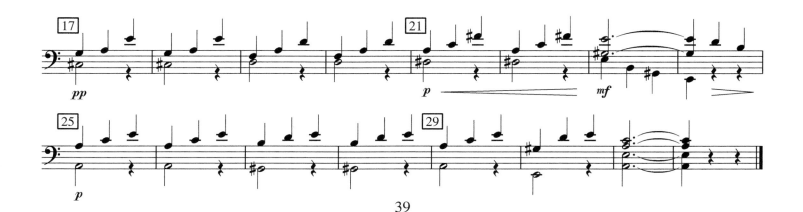

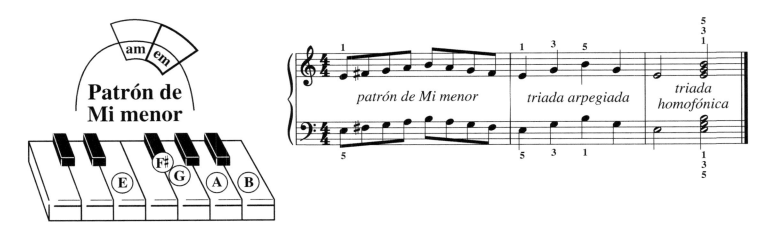

Mi Propia Canción

Improvisación en Mi menor

Mientras tu profesor toca el acompañamiento expuesto a continuación, improvisa una melodía utilizando el **patrón de cinco dedos en Mi menor**.

Acompañamiento

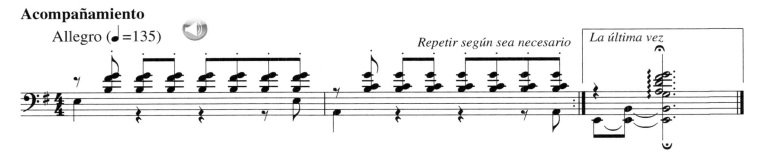

Melodía Triste

Béla Bartók
(1881–1945)
Adaptada por Fred Kern

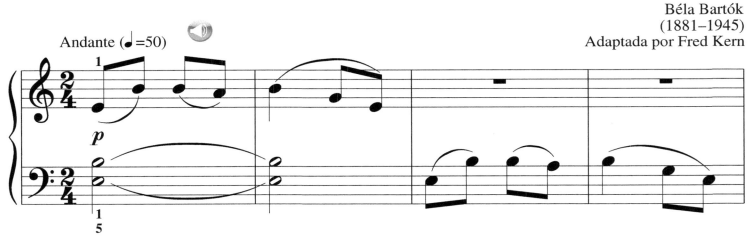

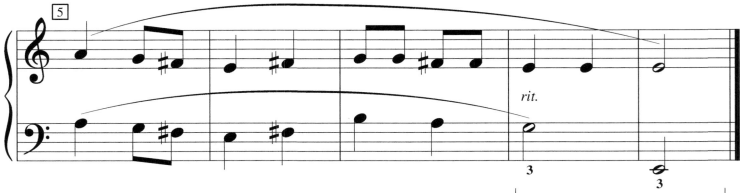

Corazón Fiero

Con pulso regular (♩=145)

Barbara Kreader

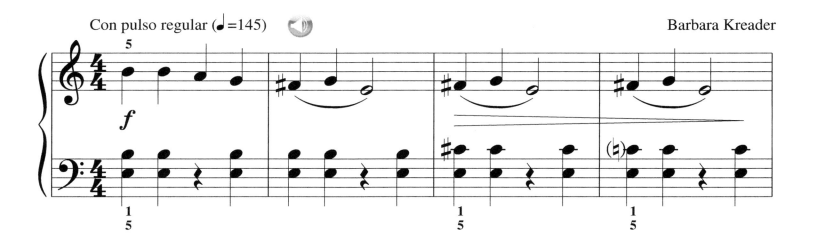

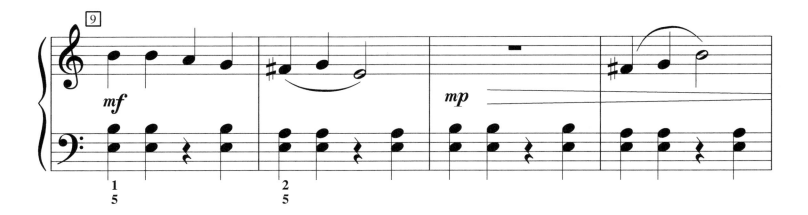

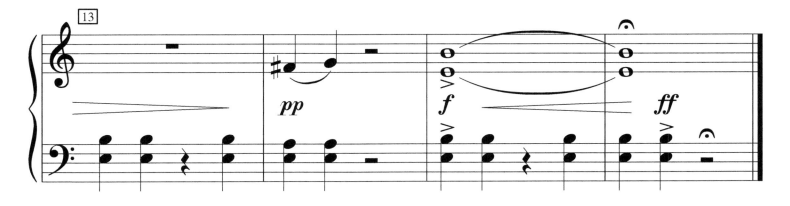

Mi Propia Canción

Improvisación en Re menor

Mientras tu profesor toca el acompañamiento expuesto a continuación, improvisa una melodía utilizando el **patrón de cinco dedos en Re menor**.

Acompañamiento

Fluido (♩=120)

Repetir según sea necesario | *La última vez*

Con el pedal

La Feria

Rápidamente

Canción Folklórica Armenia

Acompañamiento (El alumno debe tocarlo una octava por encima de la octava escrita.)

Rápidamente (♩=140)

D.C. (Da Capo) al Coda

significa que debes volver al principio de la pieza y tocar hasta el primer signo de la coda ⊕ y entonces saltar hasta el siguiente signo de la coda ⊕ .

Musa Medieval

Phillip Keveren

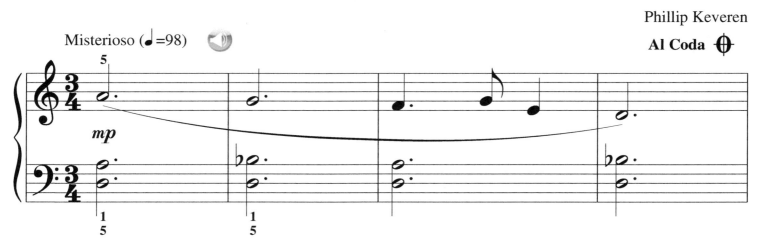

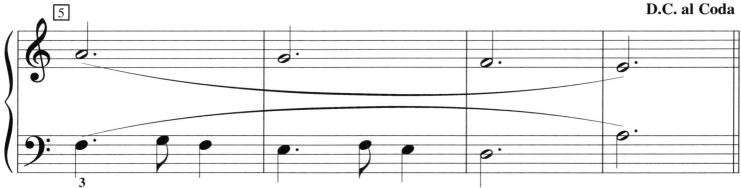

CODA
⊕

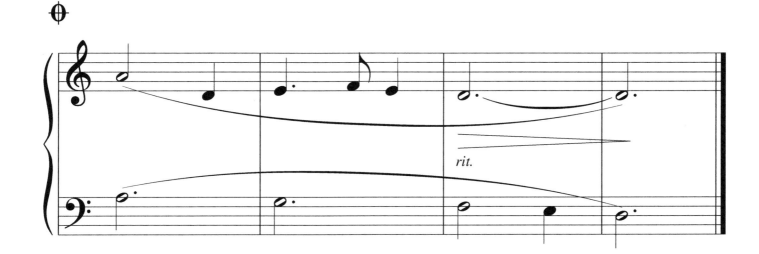

Flotando

Brenda Dillon
y Fred Kern

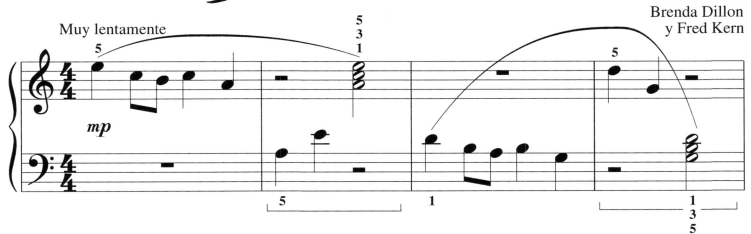

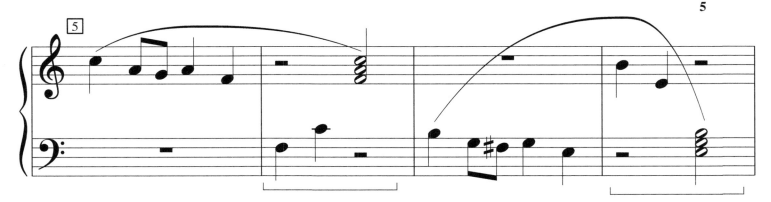

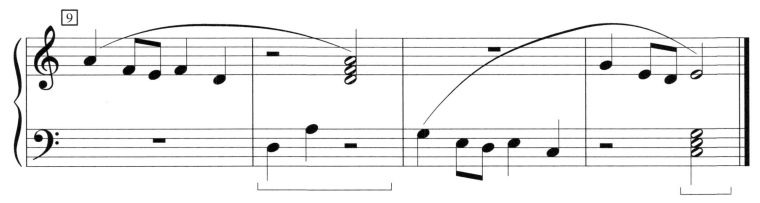

Acompañamiento (El alumno debe tocarlo una octava por encima de la octava escrita.)

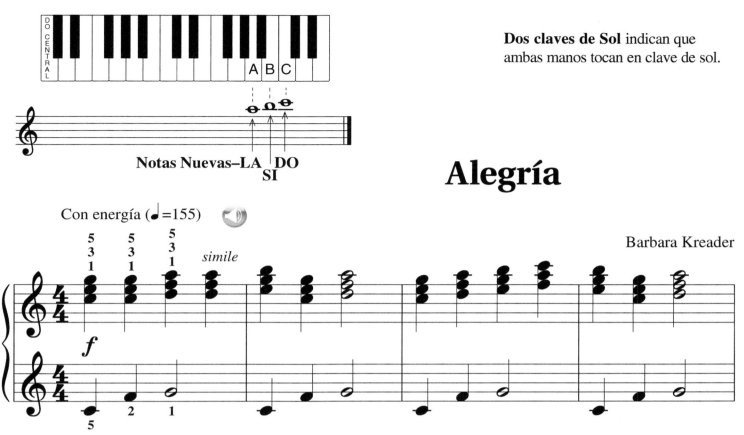

Dos claves de Sol indican que
ambas manos tocan en clave de sol.

Notas Nuevas–LA SI DO

Alegría

Con energía (♩=155)

Barbara Kreader

simile

Mantén pisado el pedal de resonancia durante toda la pieza.

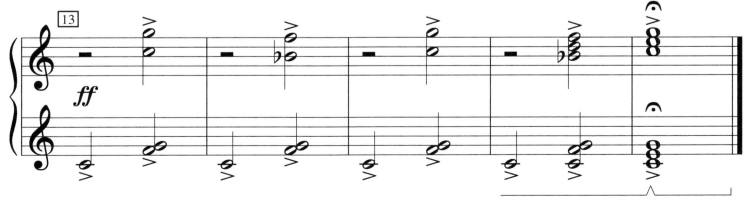

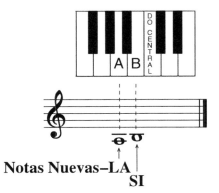

Notas Nuevas–LA
SI

Empezar De Nuevo

Fred Kern

Con energía (♩=165)

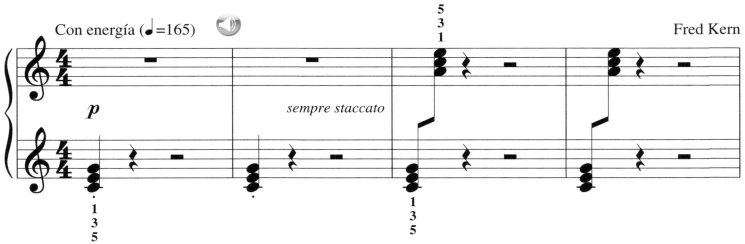

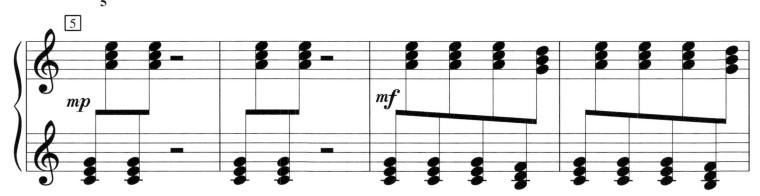

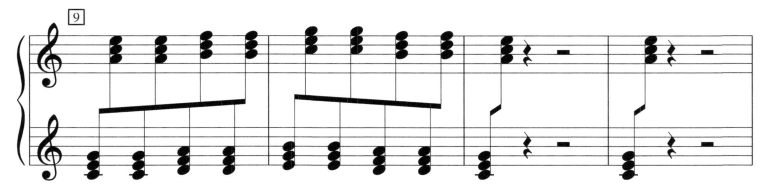

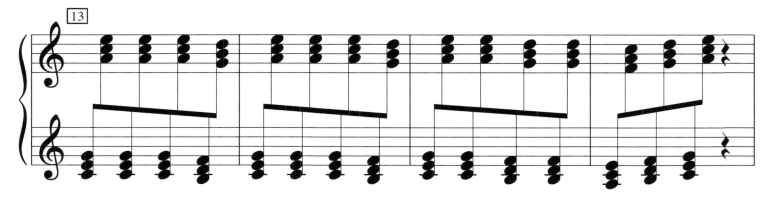

15ma -¬

Cuando aparece el signo **15ma-¬** encima de una nota o un grupo de notas, toca la nota o notas dos octavas por encima de la octava escrita.

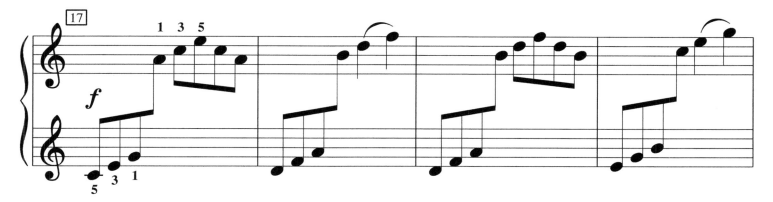

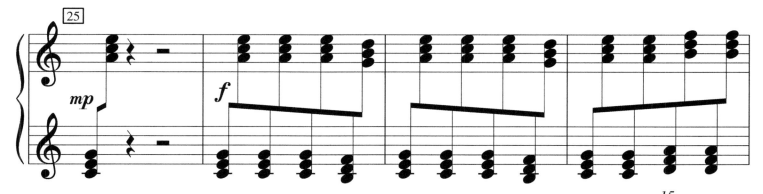

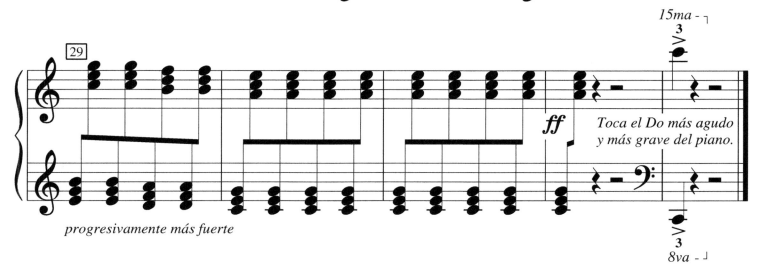

progresivamente más fuerte

Toca el Do más agudo y más grave del piano.

DIPLOMA

HA COMPLETADO CON ÉXITO
EL LIBRO TRES
DE LECCIONES DE PIANO
DE HAL LEONARD
Y POR ELLO
PASA AL LIBRO CUATRO.

PROFESOR   FECHA

HAL·LEONARD®